Du CE1 au CE2

7-8 ans

La peur au bout de la laisse

Gudule
écrivain

Anne Popet
enseignante

Illustré par
Mathieu Sapin

Nathan

Présentation

→ **Je lis un récit fantastique entrecoupé d'exercices de :**
français, maths, questionner le monde, enseignement moral et civique.

→ **Je résous des exercices**
qui permettent de reconstituer l'histoire.

→ **Je vérifie ma réponse :**
- elle est juste → j'accède à la suite de l'histoire ;
- elle est fausse → le corrigé me guide pour refaire l'exercice.

→ **Je consulte le mémo en fin d'ouvrage,**
il m'explique la notion abordée dans l'exercice.

→ **Je regarde la table des matières (p. 94-95)**
pour connaitre tous les points du programme abordés dans les exercices.

→ **Je note les indices sur la page 93,**
un par chapitre, ils prouvent que l'enquête avance et que l'histoire est bien comprise.

Maquette intérieure : Julie Lannes
Composition : Céline Julien

Je rêve ou quoi ?

1 

– Antoine, va promener le chien !

Ma mère a une spécialité : me demander des services au plus mauvais moment. Pendant mes dessins animés préférés, par exemple.

– Attends cinq minutes, s'teup', l'émission est presque finie.

– Dépêche-toi, Youki n'en peut plus !

Je jette un coup d'œil de biais à mon chien. C'est vrai qu'il a l'air pressé ! Il tourne en rond devant la porte en poussant des petits couinements plaintifs. Résister à ça est au-dessus de mes forces. Je me lève et, en soupirant, je décroche la laisse du portemanteau.

– Allez, viens, catastrophe à pattes ! À cause

de toi, je ne saurai jamais si Gromusclor a dégommé le gang des Coccinelles-Ninjas…

Avec un regard reconnaissant, Youki s'élance sur mes talons. L'un derrière l'autre, nous dévalons les trois étages de l'immeuble.

Je ne connais rien de plus monotone que ces « sorties hygiéniques », comme les appelle papa. L'itinéraire est toujours le même : en gros, on fait le tour du pâté de maisons avec des pauses pipi à l'angle du square, devant la mairie et sur le mur de la maternelle, puis on traverse la place et on rentre en longeant les voies de chemin de fer…

Et si au coin de la rue l'aventure commençait ?

Pour le découvrir, réponds à la question.
Pour les fêtes nationales, on sort les drapeaux et il y en a toujours un qui flotte aux fenêtres des mairies.
Parmi les drapeaux suivants, reconnais-tu celui de la France ? Entoure-le.

a. **b.** **c.**

Si tu as entouré a. → Lis le n° 7.
Si tu as entouré b. → Lis le n° 3.
Si tu as entouré c. → Lis le n° 5.

mémo 17

2

Tu as bien répondu. Ce sont des expressions familières.
→ Pour découvrir la suite de l'histoire, va vite maintenant au chapitre 2.

3

Tu t'es trompé(e). Il s'agit du drapeau de l'Union européenne dont la France fait partie. Il comporte douze étoiles car 12 est un nombre que l'on retrouve dans les 12 travaux d'Hercule, les 12 mois de l'année, etc. → Recommence l'exercice du n° 1.

4

Qu'auriez-vous fait à ma place ? Tomber dans les pommes ? Vous sauver à toutes jambes ? Hurler au secours ?

Moi, je me contente de bredouiller :

– Oui… euh… quelle question, Youki ?

– Tu ne m'en veux pas trop pour les Coccinelles-Ninjas ?

– Euh… non, non… De toute façon, j'avais déjà vu l'épisode !

C'est un mensonge, mais inutile de contrarier un chien qui parle !

– Ah, tu me rassures ! s'écrie Youki.

Et il lève tranquillement la patte au pied d'un arbre, tandis que je reste les bras ballants, cloué au sol par l'ahurissement.

Est-ce que je suis en train de devenir fou ? J'ai entendu mon chien me parler… Et pourtant, aujourd'hui est un jour comme les autres, sans rien d'exceptionnel. Un mercredi après-midi de printemps, dans une ville de banlieue parfaitement banale. Le ciel est bleu, il y a du soleil, des voitures garées le long du trottoir, des papiers sales dans le caniveau…

Une mobylette pétarade dans le lointain… Sur une corniche, un pigeon roucoule… Un vieux monsieur me croise en trainant la savate et entre dans la mairie…

Quoique… Ce vieux monsieur, quel regard inquiétant il a ! Et ce pigeon… Ses roucoulades, on dirait des ricanements !

Antoine devient-il fou ?

Pour le savoir, relie chaque oiseau à son cri.

a. le pigeon	**1.** pépie
b. le corbeau	**2.** roucoule
c. l'oisillon	**3.** croasse

Si tu as relié a.2, b.3, c.1 → Lis le n° 10.
Si tu as relié a.2, b.1, c.3 → Lis le n° 11.
Si tu as relié a.1, b.2, c.3 → Lis le n° 6.

mémo 7

5 

Bravo ! Le premier, c'est le drapeau du Japon et le deuxième, celui de l'Union européenne. → Maintenant, lis le n° 8.

6 

Non, tu t'es trompé(e). Pour t'aider : le corbeau croasse. Relis le texte et tu sauras ce que fait le pigeon.
→ Refais l'exercice du n° 4.

7 

Tu t'es trompé(e). Il s'agit du drapeau du Japon.

→ Refais vite l'exercice du n° 1.

8 

J'emprunte le chemin habituel, le nez en l'air, lorsque…

– Antoine !

Je sursaute, je regarde à droite, à gauche… Personne. Nous sommes seuls dans la rue, Youki et moi. J'entends des voix ou quoi ?

– Houhou, Antoine !

Mais… ce n'est pas possible ! Mon chien a le museau levé vers moi et me fixe avec attention, comme si…

J'avale ma salive, ce qui produit un « gloups » pas très discret.

– Youki ? Ce… ce n'est pas toi qui m'as appelé, quand même ?

Sans tenir compte de ma stupéfaction, mon chien ouvre la gueule et articule clairement :

– Je voudrais te poser une question, Antoine…

Ça alors, mon chien parle !

Antoine est-il en train de rêver ?

Pour le savoir, réponds à la question.
Pourquoi Antoine est-il si étonné ?

- Parce que Youki le fixe avec attention.
- Parce que Youki lui adresse la parole.

Recopie ta réponse :

C'est ton PREMIER INDICE. N'oublie pas de le noter sur ta page-indices, p. 93.

Maintenant → Va vite au n° 4 pour découvrir la suite. Toi aussi, tu seras étonné(e)...

9

Tu as trouvé presque toutes les expressions qu'on emploie entre copains. Encore un effort, il en manque une.

→ Termine vite l'exercice du n° 10.

10

Eh, ho, qu'est-ce qui me prend ? Je débloque ou quoi ? Il faut que je me secoue, au lieu de flipper comme un idiot ! Que je tâche de comprendre !

– Youki ! Viens ici tout de suite !

Peu accoutumé à ce ton sec, mon chien fait volte-face et revient vers moi en se dandinant, la langue pendante et l'œil interrogatif.

Je m'accroupis devant lui.

– Comment ça se fait que tu parles, toi, maintenant ?

Youki hausse les épaules (oui, je sais, les chiens ne haussent pas les épaules, mais à présent, plus rien ne m'étonne de lui !), puis il repart en sens inverse sans un mot d'explication. Je le poursuis, l'attrape par le collier.

– Tu me réponds ou je te mets ta laisse ?

Je sais ce que je vais faire : je vais aller tout raconter à Victor. Peut-être pourra-t-il m'aider, lui ? Ou, au moins, me donner un bon conseil…

J'attache Youki – qui ne proteste pas – et, au lieu de tourner à droite vers la place, je l'entraine à gauche, en direction de chez mon meilleur copain.

Victor sera-t-il de bon conseil ?

Pour le savoir, fais vite cet exercice.
Antoine n'utiliserait pas en classe certaines des expressions suivantes. Barre-les.

a. Je débloque.
b. J'ai peur.
c. Il faut que je réagisse.
d. Je flippe.
e. Je deviens fou.
f. Il faut que je me secoue.

Si tu as barré a., d., f. → Lis le n° 2.
Si tu as barré a. et d. → Lis le n° 9.

mémo 6

11 

Tu n'as pas complètement tort : le pigeon roucoule, mais le corbeau ne pépie pas.

→ Retourne au n° 4.

2

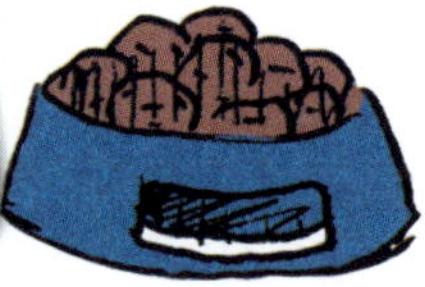

La bande des quatre mène l'enquête

1

– Si, je te jure, il m'a parlé !

Victor se gratte la tête avec perplexité. De toute évidence, il ne me croit pas. Normal : depuis qu'on est chez lui, Youki n'a pas prononcé une parole.

– Allez, Youki, dis quelque chose !

Cette andouille de chien nous observe d'un air bête, comme s'il ne comprenait pas ce qu'on attend de lui. Je tape du pied par terre.

– Tu vas parler, oui ? Si tu t'obstines à te taire, pas de câlins pendant une semaine !

– Ça va, Antoine ? s'inquiète Victor.

Je m'apprête à l'envoyer promener quand un grattement à la porte de sa chambre nous fait tourner la tête. Victor s'empresse d'aller ouvrir. C'est Bébert, son teckel.

– Nom d'une pipe, j'ai oublié ! Maman m'avait chargé de lui donner à manger… Pauvre chien, il doit mourir de faim !

Nous émigrons vers la cuisine où Victor sort une boite de pâtée du buffet. Mine de rien, je demande :

– Tiens ? Tu lui donnes aussi du Bôtoutou ?

– Oui, c'est sa marque préférée.

– Comme Youki, hein, Youki ?

Pas de réponse. Pourtant, j'espérais bien le piéger ! Mais rien à faire… En moi, une affreuse petite voix ricane : « Plus jamais Youki ne parlera, Antoine ! Personne ne te croira, et si tu insistes, tu finiras à l'asile de fous ! Ha, ha, ha, ha ! À L'ASILE DE FOUS ! »

Que faire pour aider Antoine ?

Pour le découvrir, résous l'exercice suivant.
Lis bien ce qui est inscrit sur chacune des boites de Bôtoutou ci-dessous :

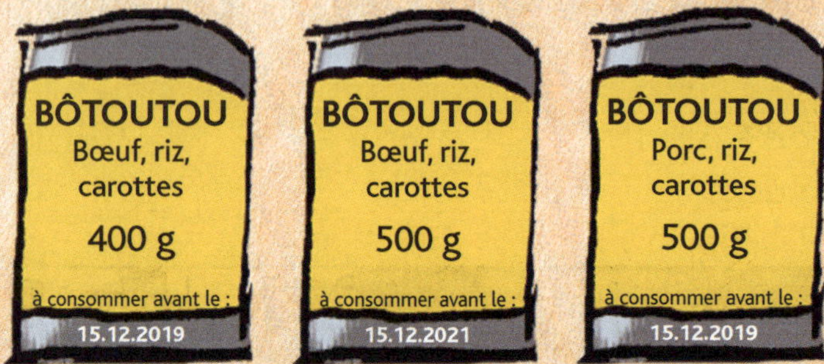

Maintenant, indique combien pèse la boite contenant du bœuf, à consommer avant le 15/12/ 2019.

Si tu as répondu 500 g → Lis le n° 6.
Si tu as répondu 400 g → Lis le n° 8.

mémo 12

2

Tu t'es trompé(e). Pour t'aider, quand on a très faim, on peut dire : « J'ai l'estomac dans les talons. »

→ Refais l'exercice du n° 8.

3

Se grattant à nouveau l'oreille, Bébert grogne : « Satanées puces ! », puis reprend :

– Nous sommes aussi surpris que vous…

– Surpris… et inquiets ! précise Youki. Parce que cette faculté risque de modifier du tout au tout nos rapports avec les humains !

Il se tourne vers moi :

– Voilà pourquoi je me méfiais, tout à l'heure : je n'ai, pour ma part, aucune envie d'être un objet de curiosité… ou de peur !

– C'est un coup à se retrouver dans un cirque, ou pire, dans un laboratoire ! assure Bébert.

– Atroces destinées, murmure Youki d'une voix rauque. Tu te souviens de Rex, le petit boxer qui aboyait tout le temps ? Ses maitres l'ont vendu à un cirque… Il avait l'étoffe d'un clown, parait-il. L'ennui, c'est que les applaudissements le rendaient enragé. Il a fallu le piquer : au moindre bravo, il se ruait sur les spectateurs pour les mordre…

– Et Éloi, le lévrier, qui a fini comme sujet d'expériences dans un laboratoire de cosmétiques…

À ces mots, les deux chiens se mettent à trembler de tous leurs membres…

Pourquoi tremblent-ils ?

À ton avis, c'est parce que :

- Victor et Antoine veulent les vendre.
- Ils ne veulent pas finir comme Rex et Éloi.
- Ils ont attrapé froid.

Recopie ta réponse :

C'est ton DEUXIÈME INDICE. N'oublie pas de le noter sur ta page-indices, p. 93.

Maintenant → Va vite au n° 11.

4

Attention, tu n'as pas compris le sens de ces expressions. Pour t'aider : « avoir les yeux plus gros que le ventre » signifie « surestimer sa faim ».

→ Refais vite l'exercice du n° 8.

5

Faux ! As-tu bien fait une addition ? Attention, il ne faut pas non plus oublier la retenue.

→ Refais l'exercice du n° 7.

6

Tu t'es trompé(e) !

→ Refais l'exercice du n° 1 en lisant attentivement toutes les indications données sur les boites.

7

– Alors ? demande Victor.

– Rien.

– Nous non plus.

Ce n'est pourtant pas faute d'avoir essayé car, à nous quatre, nous avons ratissé tout le

quartier et parcouru des dizaines de kilomètres. Et sous prétexte de les flairer, Youki a bien interrogé… oh, au moins une trentaine de chiens, malgré les protestations des mémères qui désapprouvent ce genre de familiarités. Mais à part quelques jappements, grognements et aboiements divers, il n'a rien récolté… sauf un coup de dent de Brutus, le féroce pitbull du *Café de la Gare* ! Ses conclusions : « Ils sont tous "normaux" ».

Bébert est un peu plus réticent. Il lui a semblé, un moment donné, qu'une petite chienne…

– Mais je me suis peut-être fait des idées, reconnait-il. Elle était si mignonne… Il ne lui manquait que la parole !

Bref, l'enquête piétine. Et il faut que je rentre : ma mère va encore se demander où je traine.

Nous nous quittons à regret, la tête pleine de points d'interrogation. Or, sur le chemin du retour, nous croisons une petite chienne qui fonce comme un bolide…

Où court-elle comme ça ?

Pour le découvrir, fais cet exercice.

Youki a interrogé 35 chiens et Bébert en a interrogé 28. Combien de chiens ont-ils interrogés au total ?

Écris ta réponse : ....

Si ta réponse est 63 → Lis le n° 14.

Si ta réponse est 53 → Lis le n° 13.

Si ta réponse est un autre nombre → Lis le n° 5.

mémo 11

8

Bébert se jette sur sa gamelle et en avale gloutonnement le contenu. Si gloutonnement qu'il lâche un énorme rot.

– Oups, pardon ! souffle-t-il.

Victor ouvre la bouche, la referme, la rouvre encore pour finalement bredouiller :

– Tu… tu es ventriloque, Antoine ?

Et moi, triomphant :

– Pas du tout, mon vieux, TON CHIEN A PARLÉ ! Tu me crois, maintenant ?

Dans le silence qui suit, une voix s'élève. Celle de Youki. Enfin !

– Ne vous excusez pas, cher ami… Vous aussi, le Bôtoutou vous donne des ballonnements ?

Bébert prend le temps de se gratter l'oreille avec la patte arrière avant de répondre :

– C'est la première fois. D'habitude je le digère très bien. Auraient-ils par hasard changé leur recette ? Il me semble avoir senti un petit arrière-gout…

Il se pourlèche les babines avec attention.

– Pas désagréable, mais un peu différent…

– J'ai eu la même impression, ce matin ! approuve Youki.

Victor et moi, on ne les lâche pas des yeux, muets d'étonnement. Des chiens qui discutent, leurs maitres qui les écoutent, ma parole, c'est le monde à l'envers ! Il ne manquerait plus qu'on se mette à aboyer ! Mais ce n'est pas le cas, rassurez-vous ! Au contraire, on se ressaisit… et on tente de trouver une explication. Et qui peut nous la donner, sinon les intéressés eux-mêmes ?

– Bon, maintenant ça suffit ! déclare Victor, sur un ton d'inspecteur de série télévisée. Vous allez vous « mettre à table », les cabots, et vite !

En moi-même, j'admire son autorité. Il sait mieux faire obéir son chien que moi. La preuve : Bébert ne rechigne pas pour « se mettre à table » illico. Mais ça ne nous avance pas beaucoup : il n'en sait pas plus que nous.

– Tout ce que je peux vous dire, déclare-t-il, c'est que je viens, subitement, de découvrir que je pouvais parler…

Bébert va-t-il pouvoir les renseigner davantage ?

Avant de le découvrir, relie chacune de ces expressions imagées à sa définition.

a. Se mettre à table	**1.** Avoir faim
b. Avoir l'estomac dans les talons	**2.** Avouer
c. Avoir les yeux plus gros que le ventre	**3.** Surestimer sa faim

Si tu as relié a.1, b.2, c.3 → Lis le n° 2.
Si tu as relié a.2, b.1, c.3 → Lis le n° 3.
Si tu as relié a.3, b.1, c.2 → Lis le n° 4.

mémo 8

9

Faux ! À part le champ de maïs, tous les autres lieux peuvent faire partie du centre-ville. → Lis le n° 7.

10

Cela aurait pu être le cas, mais Antoine l'aurait tout de suite reconnue, non ? Il s'agit donc de la maitresse de la chienne.

→ Lis la suite au n° 16 .

11

Victor et moi n'avions pas envisagé les choses sous cet angle, mais nous reconnaissons qu'ils ont mille fois raison. Nous décidons donc, d'un commun accord, que les chiens garderont le silence (sauf lorsque nous serons entre nous, bien sûr !) jusqu'à ce que nous ayons élucidé le mystère.

– Peut-être ont-ils attrapé un virus, comme celui de la rage, me glisse Victor tout bas. Dans ce cas, un vétérinaire…

– Pas question ! l'interrompt Bébert. Premièrement, je suis en pleine forme… Et toi, Youki ?

– Moi aussi ! Touche, ma truffe est glacée !

– Et deuxièmement, j'ai horreur du vétérinaire !

– Bon, bon d'accord, admet Victor. As-tu une meilleure idée, Antoine ?

– Oui : la première chose à savoir, c'est si d'autres chiens sont atteints. Je propose donc qu'on interroge ceux qu'on rencontre.

– Et s'ils font comme Youki, s'ils refusent de parler ?

Bébert émet un petit ricanement :

– Nous, nous saurons bien les convaincre, pas vrai, Youki ?

– *No problemo !*

L'instant d'après, nous nous retrouvons tous les quatre dans la rue.

– Le mieux est de se séparer, décide Victor. Bébert et moi, nous allons remonter vers le centre-ville. Vous deux, fouinez plutôt autour du square et du supermarché. On se retrouve ici dans une heure, avec le résultat de nos recherches, OK ?

Que vont-ils découvrir ?

Pour le savoir, résous cet exercice.
En centre-ville, on peut trouver tous les lieux ci-dessous, sauf un.
Entoure-le.

a. Une poste
b. Une gare
c. Une mairie
d. Un champ de maïs
e. Un théâtre

Si tu as entouré d. → Lis le n° 7.
Si tu as entouré e. → Lis le n° 9.

12

Tu n'as pas été attentif(ve) jusqu'à la fin de l'exercice. Tu n'as pas reconnu un déterminant et tu n'as pas su non plus repérer un nom.

→ Refais l'exercice du n° 16.

13

C'est presque cela, mais tu as oublié une retenue.

→ Reprends ton souffle et refais l'exercice du n° 7 en calculant bien ton addition cette fois.

14

Ce bolide est une jolie petite yorkshire avec un nœud rose au milieu du front, et dont la laisse pendouille sans personne au bout.

– Tu as abandonné ta maitresse ? lui lance Youki en rigolant.

La chienne s'arrête net, inspecte furtivement les alentours. La rue est déserte, à part un adolescent qui marche en claquant dans ses doigts, son casque de MP3 sur les oreilles. Rassurée, elle s'approche de Youki.

– Tu es des nôtres ? lui souffle-t-elle.

Il hoche la tête.

– Je cherche un teckel qui m'a adressé la parole, tout à l'heure, continue-t-elle. Je n'ai pas osé lui répondre à cause de ma maitresse : elle est si émotive… Elle aurait ameuté tout le quartier ! Mais sitôt qu'elle a eu le dos tourné, je lui ai faussé compagnie. Il faut absolument que je retrouve ce teckel !

– Ne te donne pas cette peine, c'est un ami à nous. Sais-tu quelque chose à propos de ce qui nous arrive ? demande Youki.

– Non…

– Quand est-ce que ça t'a pris, toi ?

– Ce matin, juste après ma gamelle…

Saisi d'une brusque inspiration, je me penche vers elle :

– C'est quoi, ta marque de pâtée ?

– Bôtoutou, pourquoi ?

– Pour rien… Ou plutôt, si : étrange coïncidence…

Je n'ai pas le loisir de préciser ma pensée, car, surgissant d'une rue voisine, une étrange créature se précipite vers nous en hurlant…

Qui est cette étrange créature ?

Réponds toi-même à cette question en cochant la réponse qui te semble possible.

a. ☐ la mère d'Antoine

b. ☐ la maitresse de la petite chienne

Si tu as coché a. → Lis le n° 10.
Si tu as coché b. → Lis le n° 16.

15

Bravo ! Tu as tout juste !

→ Maintenant, va vite découvrir la suite au chapitre **3**.

16

C'est une grosse dame rouge, suante et visiblement affolée, qui crie à pleins poumons :

– Pomponnette ! Pomponnette !

– Allez, tchao, les potes ! soupire la petite yorkshire.

Elle se jette dans les bras de la nouvelle venue, toute langue dehors.

– Mon trésor adoré, enfin je te retrouve ! roucoule cette dernière en la serrant contre elle.

– Wif ! Wif ! aboie la chienne.

Le soir même, je téléphone à Victor pour lui faire part de mes déductions :

– Tous les chiens qui parlent consomment, comme par hasard, la même marque de pâtée. D'une manière ou d'une autre, les boites de Bôtoutou sont liées au phénomène, j'en suis certain !

– Nous tenons peut-être le début d'une piste, murmure Victor au bout du fil. En plus, je crois que l'usine Bôtoutou n'est pas loin d'ici. Attends que je vérifie l'adresse sur l'étiquette.

Quelques instants passent, puis :

– Exact, c'est juste à côté, dans la zone industrielle. On devrait aller y faire un tour, demain, après l'école…

Nos deux héros sont-ils au bout de leurs surprises ?

Pour le découvrir, fais l'exercice suivant.
Les mots suivants sont en bleu dans le texte ci-dessus.
Relis chaque mot à sa classe.

a. dame
b. petite
c. retrouve
d. pâtée
e. les

1. déterminant
2. verbe
3. adjectif
4. nom

Si tu as relié a.4 / b.3 / c.2 / d.4 / e.1 → Lis le n° 15.
Si tu as relié a.4 / b.3 / c.2 / d.3 / e.1 → Lis le n° 17.
Si tu as relié a.4 / b.3 / c.2 / d.3 / e.4 → Lis le n° 12.

mémo 1

17

C'était presque exact, mais tu as fait une erreur. Tu n'as pas reconnu un nom.

→ Relis le mémo et refais l'exercice du n° 16.

3

Vigile ou vampire ?

1

Le projet me convient parfaitement, d'autant qu'à cette heure-là, il n'y a personne chez moi (à part mon chien). Ma mère ne revient du bureau que vers six heures.

À quatre heures, donc, au lieu de rentrer directement à la maison, nous filons vers l'usine Bôtoutou : un grand bâtiment gris entouré de hauts murs. Une chance : le portail n'est pas fermé à clef. Très impressionnés – et ne sachant pas du tout ce que nous allons dire ou faire ! –, nous pénétrons dans la cour où sont stationnés une dizaine de camions avec, marqué dessus : *Bôtoutou, l'aliment du chien heureux.*

– L'aliment du chien bavard ! pouffe Victor.

Il rit, mais c'est nerveux. Je lui fais signe : « Chut ! » Au même moment, une voix éclate derrière nous :

– Où allez-vous, les enfants ?

À qui appartient cette voix ?

Pour le savoir, résous cette devinette :

Je suis plus grand que 40.
Et plus petit que 50.
Si on additionne mes chiffres, on trouve 6.
Qui suis-je ?

Tu peux t'aider de la droite numérique ci-dessous.

40 41 42 43 44 45 46 47 48 49 50

Si tu as trouvé 42 → Lis le n° 7.
Si tu as trouvé 33 → Lis le n° 3.
Si tu as trouvé 46 → Lis le n° 5.

mémo 10

2

Non, tu t'es trompé(e). La vache est herbivore : elle se nourrit d'herbes, et le chien est carnivore : il se nourrit de viande.

→ Va maintenant au n° 4.

3

Faux. 3 et 3 font bien 6, mais tu t'es trompé(e). Je suis plus grand que 40.

→ Refais l'exercice du n° 1.

4

– Zut, flute et crotte de bique ! râle Victor, une fois dehors.

Victor est, à ma connaissance, le seul garçon de dix ans qui dit : « Zut, flute et crotte de bique ! » quand il est en colère. En général, je trouve cette expression ringarde, mais là, elle est parfaitement adaptée à la situation.

– Si ce vigile s'imagine qu'on se débarrasse aussi facilement de nous, il se fourre le doigt dans l'œil ! Nous reviendrons cette nuit !

Je fais un bond en l'air.

– Hein ?! Qu'est-ce que tu racontes ?

– J'ai un plan !

– Houlà, je me méfie...

Victor me fusille des yeux.

– Tu veux que notre enquête aboutisse, oui ou non ?

– Ben... oui.

– Alors, voilà ce qu'on va faire...

Son plan est génial, il n'y a pas d'autre mot !

– Donc, tu as bien compris ? résume mon copain Victor, après me l'avoir longuement exposé. Tu dis à tes parents qu'on révise notre

interro de maths ensemble, ce soir, et que tu restes dormir chez moi. J'en fais autant de mon côté. Et cette nuit, on s'introduit en douce dans l'usine...

– Comment on entre si la grille est fermée ?

– J'ai repéré un passage dans le mur, à l'arrière.

– Espérons que Dracula ne va pas nous tomber dessus, parce que… brrr !

Nos deux amis vont-ils réussir à entrer dans l'usine ?

Avant de le découvrir, réponds vite à cette question.
Quel mensonge Antoine va-t-il raconter à ses parents ?

- Victor dort à la maison pour réviser nos maths.
- Je dors chez Victor pour réviser nos maths.
- Je dors chez Victor pour réviser notre français.

Recopie ta réponse :

C'est ton TROISIÈME INDICE. N'oublie pas de le noter sur ta page-indices, p. 93.

Maintenant, cours au chapitre 4.

5

Tu t'es trompé(e) ! 4 + 6 = 10 et non 6.

→ Prends bien en compte toutes les informations de la devinette et refais l'exercice du n° 1.

6

Bravo ! Tu connais bien le régime alimentaire des animaux.

→ Maintenant, va vite lire le n° 4.

7

C'est un vigile en uniforme, coiffé d'un képi et armé d'une matraque. Il est pâle, cerné, maigre à faire peur… Une vraie tête de Dracula !

On se regarde, Victor et moi. Il n'a visiblement qu'une envie, lui aussi : prendre la poudre d'escampette. Mais nous ne sommes pas venus pour fuir devant le premier vampire qui se présente !

Courageusement, je réponds :

– Euh… on voudrait visiter l'usine, m'sieur…

– C'est pour l'école, invente Victor. On… on a un travail à faire sur… sur les animaux, ce qu'ils mangent, tout ça…

– Un travail sur les animaux ? coupe le vigile. Et alors ?

Ses yeux perçants nous dévisagent longuement. Sûr, il devine nos pensées les plus secrètes !

– Ben… on aimerait savoir ce que vous mettez dans les boites pour chiens…

– Alors là, il faudra vous renseigner ailleurs ! Je ne peux pas vous laisser entrer.

– Pourquoi ?

– Question de sécurité… Allons, sauvez-vous avant que je vous mange tout crus !

Nos héros vont-ils finir dans l'estomac du gardien ?

Pour le savoir, indique comment se nourrit chacun des deux animaux ci-dessous en le reliant à sa définition.

a. La vache	**1.** Je suis herbivore.
b. Le chien	**2.** Je suis carnivore.

Si tu as relié a.1 et b.2 → Lis le n° 6.
Si tu as relié a.2 et b.1 → Lis le n° 2.

mémo 15

4

L’usine de l’angoisse

1 

Tout se passe comme prévu. Nos parents gobent le mensonge – ils n’ont aucune raison de se méfier : les fugues, ce n’est pas du tout notre style ! –, si bien que vers dix heures du soir, nous nous retrouvons, Victor et moi, devant l’usine Bôtoutou. J’ai pris la précaution de me munir de la lampe torche que m’a offerte papy, aux dernières vacances.

– Il est où, ton passage ?

Victor me fait signe de le suivre. Nous longeons le mur d’enceinte.

– Là !

Quelques pierres descellées créent, en effet, une fente étroite par laquelle on peut se glisser – à condition de n'avoir pas trop mangé au diner. Chance : il y avait des brocolis et je déteste ça !

Il fait sombre dans la cour de l'usine. J'ai le cœur qui bat si fort qu'on l'entend surement au-dehors, comme lorsque le voisin du dessus joue de la batterie et que mes parents rouspètent.

– Pourvu qu'on ne rencontre pas le vigile…

Nous scrutons l'obscurité. Apparemment, il n'y a personne.

– Il doit dormir, à cette heure-ci ! suppose Victor.

– Ça dort, un vampire ?

– Arrête avec ton vampire, supplie Victor. J'ai déjà suffisamment la trouille, ce n'est pas la peine d'en rajouter !

Le vigile va-t-il surprendre Antoine et Victor ?

Pour le découvrir, mets une croix dans chaque rectangle. Indique combien tu en as trouvé.

Si tu as trouvé 3 rectangles → Lis le n° 7.
Si tu as trouvé 5 rectangles → Lis le n° 5.

mémo 14

2 

Faux ! Tu as confondu les centaines et les dizaines.

→ Refais l'exercice du n° 9.

3 

Tu t'es trompé(e), ces verbes sont au présent.

→ Maintenant, va vite au chapitre 5.

4

– Ouf, ce n'est qu'une grue… J'ai eu peur !

– Un élévateur, rectifie Victor. Pour soulever les marchandises et les mettre dans les camions.

– Tu t'y connais drôlement !

– Mon oncle est chauffeur de poids lourds. Parfois, il m'emmène faire ses livraisons.

Au fond de l'entrepôt, une nouvelle porte. Nous la poussons avec précaution, lorsque…

La sonnerie d'alarme nous prend par surprise. Parole d'honneur ! J'ai l'impression que mon cœur va exploser…

Un veilleur de nuit ! Nous sommes cuits !

Victor fait preuve d'un sang-froid admirable. M'attrapant par la main, il me tire derrière une gigantesque pile de boites. Juste à temps ! Déjà, des pas précipités martèlent les dalles de l'entrepôt, qui s'éclaire d'un seul coup.

– Y a quelqu'un ici ? Répondez !

Ratatinés dans notre abri, littéralement morts de frousse, nous n'osons même plus respirer. Les pas de l'homme se rapprochent, se rapprochent… Je sens Victor grelotter contre moi et il me sent, sans doute, grelotter contre lui. Nous serrons les mâchoires pour que nos dents ne claquent pas.

Une ombre immense se profile sur le mur. Je risque un coup d'œil entre les boites… et manque d'avaler ma langue. Le veilleur est une sorte de géant au crâne rasé et au faciès de brute, couturé de cicatrices. S'il nous attrape, sûr, je ne donne pas cher de notre peau !

Antoine et Victor vont-ils s'en sortir ?

Pour le savoir, fais l'exercice suivant.
Entoure l'âge auquel l'enfant commence à perdre ses dents de lait.

a. vers 3 ans
b. vers 6 ans
c. vers 8 ans

Si tu as entouré a. → Lis le n° 8.
Si tu as entouré b. → Lis le n° 12.
Si tu as entouré c. → Lis le n° 10.

mémo 16

5

Tu t'es trompé(e) ! Un rectangle a deux grands côtés égaux, deux petits côtés égaux et quatre angles droits.

→ Recommence l'exercice du n° 1.

6

Non, tu t'es trompé(e) ! Aide-toi de cet exemple : pour obtenir 379, il faudrait entourer 3 centaines, 7 dizaines et 9 unités. → Recommence l'exercice du n° 9.

7

À pas de loup, nous nous dirigeons vers les bâtiments. Le faisceau de la lampe torche balaie la sinistre façade, révélant une grande porte métallique.

– On essaie d'entrer ? murmure Victor, la voix tremblotante.

– C'est surement fermé à clé !

Aussi furtif qu'une ombre, je m'approche, tourne la poignée… Comme prévu, elle résiste.

– Allons voir plus loin, dit Victor. On trouvera peut-être, je ne sais pas, moi, une fenêtre ouverte, ou un soupirail…

– Pas sûr : les employés de l'usine doivent se méfier des voleurs et tout boucler le soir avant de s'en aller !

Sans grand espoir, nous contournons l'usine.

– Regarde, une autre porte !

Celle-là s'ouvre à la première pression, avec un grincement lugubre…

Que vont-ils découvrir derrière la porte ?

Pour le savoir, trouve la bonne réponse à cette question.
Que peuvent ressentir Antoine et Victor à cet instant ?

- De la tristesse
- De l'angoisse
- De la colère

Recopie ta réponse :

C'est ton QUATRIÈME INDICE. N'oublie pas de le noter sur ta page-indices, p. 93.

Maintenant → Va au n° 9.

8

Tu t'es trompé(e), un enfant ne commence pas à perdre ses dents de lait à cet âge. → Refais l'exercice du n° 4.

9

Le souffle court, nous pénétrons dans un vaste entrepôt.

– Wahou !

Le long des murs s'alignent des centaines de boites de pâtée, rangées sur des palettes en bois. Jamais je n'en ai vu autant, même au supermarché ! Près de moi, Victor se fige :

– Écoute !

Un grondement sourd remplit l'atmosphère, faisant vibrer le plafond et trembler le sol. Je bégaie :

– Qu... qu'est-ce que c'est, d'après toi ?

– On dirait un bruit de machine... Ils ne doivent pas les arrêter la nuit.

– Moi, ça me fait penser aux battements d'un énorme cœur !

À cette idée, je sens tous mes poils se hérisser sur mon corps.

– Arrête ! s'énerve Victor. Oublie cinq minutes tes BD et tes films d'horreur ! On est dans la réalité, mon vieux ! Dans LA RÉALITÉ !

– Drôle de réalité où les chiens parlent…

D'un geste agacé, il m'arrache la lampe torche des mains. Le rayon lumineux fait le tour de la pièce.

– Oh !

J'ai un mouvement de recul involontaire : la silhouette menaçante d'un gigantesque insecte se dresse dans un coin…

Quelle est cette silhouette menaçante ?

Pour le découvrir, résous l'exercice suivant. Afin d'obtenir 984, colorie les étiquettes qui conviennent.

9 dizaines — 9 centaines — 4 unités

8 dizaines — 9 unités — 8 centaines

4 centaines — 7 dizaines

Si tu as colorié 8 centaines, 9 dizaines et 4 unités
→ Lis le n° 2.
Si tu as colorié 9 centaines, 8 dizaines et 4 unités
→ Lis le n° 4.
Si tu as colorié 4 centaines, 8 dizaines et 9 unités
→ Lis le n° 6.

mémo 9

10

Ce n'est pas la bonne réponse. Rappelle-toi, tu as commencé à perdre tes premières dents avant l'âge de 8 ans. → Refais l'exercice du n° 4.

11

Bravo ! Pour connaitre la suite, → lis vite le chapitre 5.

12

Les pas du colosse parviennent à notre hauteur… puis nous dépassent. Et, en sortant dans la cour, nous l'entendons grommeler : « Les ordures, ils ont filé ! » Il examine longuement les alentours. Puis il revient en sens inverse et, à nouveau, le bruit de ses semelles résonne dans le silence.

À force de retenir ma respiration, je suis au bord de l'asphyxie. Mais je préfère étouffer plutôt que d'être attrapé par ce monstre…

Ouf ! Le veilleur éteint la lumière puis rentre dans son antre. J'aspire une large goulée d'air, et de son côté, Victor en fait autant. Puis, d'un commun accord, nous nous faufilons vers la sortie.

C'est à ce moment-là, à la seconde même où nous nous apprêtons à quitter l'entrepôt, qu'un bruit bizarre nous fige sur place.

Un cri, en fait. Un tout petit cri, très faible. Étouffé. « Au secours ! » Et ce cri… ce cri…

Un frémissement d'effroi me parcourt, du bout des orteils à la racine des cheveux…

CE CRI SORT D'UNE BOITE DE PÂTÉE !

Qui se cache dans la boite ?

Pour le découvrir, indique à quel temps sont les verbes en bleu dans le texte.

a. Au passé composé **b.** Au présent

Entoure la bonne réponse.

Si tu as entouré a. → Lis le n° 3.
Si tu as entouré b. → Lis le n° 11.

mémo 5

5

Drôle de butin !

1 

Notre premier réflexe est de filer daredare, mais parvenu au milieu de la cour, je me ravise. C'est trop lâche d'abandonner quelqu'un qui appelle au secours, même si ce « quelqu'un » est une boite de pâtée pour chiens ! En plus, nous allons gâcher notre seule chance de résoudre le mystère...

– J'y retourne !

Victor tapote sa tempe du bout de l'index.

– Ça va pas, la tête ? Tu vas te faire piquer !

– Tant pis, je prends le risque ! Il faut absolument que je sache…

Et sans écouter ses protestations, je repars comme une flèche en direction de l'entrepôt.

– Au secours !

La petite voix vient de la boite qui est tout en dessous de la pile. Sans hésiter, je me rue dessus, l'attrape et tiiiire.

Patatras ! Dans un bruit effroyable, l'échafaudage s'effondre…

Antoine va-t-il se faire attraper par le veilleur de nuit ?

Pour le savoir, réponds vite à la question suivante. Pourquoi Antoine change-t-il d'avis ?

- Parce qu'il ne veut pas être pris pour un imbécile.
- Parce qu'il ne veut pas se montrer lâche.

Recopie ta réponse :

C'est ton CINQUIÈME INDICE. N'oublie pas de le noter sur ta page-indices, p. 93.

Maintenant → Lis le n° 7.

2 

Faux ! Le point d'exclamation (!) est utilisé pour exprimer un sentiment ou pour ordonner.

→ Recommence l'exercice du n° 7.

3

Tu t'es trompé(e) ! Tu as bien lu ce qu'indique la grande aiguille, mais pas la petite. Sur ce réveil, il est 9 h 30. Minuit correspond à 12 h du soir.

→ Va vite refaire l'exercice du n° 9.

4

Tu n'as pas trouvé la bonne réponse. Voici le point : .

→ Refais l'exercice du n° 7.

5

– Hou, houuu !

– Une chouette ! souffle Victor. Elle m'a fait une de ces peurs !

– À moi aussi ! Si ça continue, je ne tiendrai pas le coup !

– Bon, ben moi, c'est pareil ! J'ai eu ma dose d'émotions pour ce soir, décrète mon copain. Je vais me coucher.

– Que diront tes parents, en te voyant rentrer ? Tu es théoriquement chez moi, je te signale !

– T'inquiète, ce sont des couche-tôt… Demain

matin, je leur raconterai qu'on s'est disputés et que je suis revenu dans la soirée, sans qu'ils s'en rendent compte.

À contrecœur, je décide de l'imiter. Ce n'est pas que j'aie sommeil, ça non ! Mais rester tout seul dans ce square, en pleine nuit, très peu pour moi !

– Et la boite, qu'est-ce qu'on en fait ?

– Garde-la : elle m'énerve tellement que je serais capable de la jeter à la poubelle !

Quand je rentre chez moi, tout est éteint. Mes parents dorment. Et heureusement : s'ils me surprenaient dehors au milieu de la nuit, je ne vous dis pas le savon ! Je glisse ma clé dans la serrure, et avec mille précautions, je la tourne. Jusque-là, ça va… Pourvu que la porte ne grince pas… Coup de bol, les gonds sont bien huilés ! À tâtons, je me

glisse dans le couloir. Le moment le plus périlleux, c'est quand je passe devant la chambre de mes parents. Si jamais le parquet grince, hou là là ! Mon père a le sommeil très très léger… Pour l'instant, tout va bien : je l'entends ronfler à travers la porte.

Pas de bruit, surtout, pas de bruit… Pas de b…

– AAAAAA… TCHOUM !

J'ai l'impression que mon cœur s'arrête de battre. Dans le silence, l'éternuement de la boite de Bôtoutou a retenti comme une explosion.

Et ce qui devait arriver arrive : le ronflement s'arrête d'un seul coup…

Le père d'Antoine va-t-il se réveiller ?

Pour le savoir, indique si les mots en bleu dans le texte sont au :

a. masculin singulier
b. féminin singulier
c. féminin pluriel

Si tu as choisi a. → Lis le n° 8.
Si tu as choisi b. → Lis le n° 11.
Si tu as choisi c. → Lis le n° 10.

mémo 2

6

Tu as su lire la petite aiguille qui est bien sur le 12 (minuit ou midi), mais la grande aiguille est mal placée.

→ Refais l'exercice du n° 9.

7

Le temps que le veilleur de nuit réagisse, je suis déjà loin. Je cours à perdre haleine, mon butin à la main. Je retraverse la cour, fonce vers la brèche du mur… et me retrouve dans la rue où m'attend Victor, plus mort que vif. Tandis que nous fuyons à travers la ville endormie, les menaces du veilleur de nuit nous parviennent, assourdies par la distance.

– Vite ! Planquons-nous dans le square !

Lorsque le colosse sort à son tour – par la grille d'entrée, car notre passage est bien trop petit pour lui –, nous avons bel et bien disparu. À l'abri d'un buisson, nous nous remettons lentement de nos émotions.

– Victor…

J'ai du mal à parler tant je suis essoufflé. La boite, à présent aussi silencieuse qu'une boite de pâtée ordinaire, est posée sur le sol, entre nous.

– Ouais ?

– Tu n'as pas entendu quelque chose, au moment où le tas de Bôtoutou est tombé ?

Mon copain ouvre de grands yeux.

– Ben… À part « bleum badableum »…

– Non, quelque chose de pas normal, je veux dire. Moi, j'ai nettement perçu comme des cris de douleur. Des « ouille », des « aïe »… et même des gros mots !

Victor ouvre la bouche pour répondre, mais quelqu'un le devance…

Qui coupe la parole à Victor ?

Pour découvrir la suite, réponds à la question.
Dans le texte, un signe de ponctuation est en bleu.
Sauras-tu le reconnaitre ?

Ce signe est :

a. un point d'exclamation
b. un point
c. un point d'interrogation

Si tu as choisi a. → Lis le n° 2.
Si tu as choisi b. → Lis le n° 4.
Si tu as choisi c. → Lis le n° 9.

mémo 3

8

Tu t'es trompé(e). Regarde bien les petits mots placés devant ces noms et tu connaitras leur genre.

→ Refais l'exercice du n° 5.

9

Et ce quelqu'un, c'est… LA BOITE DE BÔTOUTOU !!!

– Vous croyez peut-être que c'est agréable de se casser la figure ?

Nous avions beau nous y attendre, ça fait un effet bizarre, une boite qui parle ! Encore plus bizarre qu'un chien, à la limite !

– Qui… qui êtes-vous ? bredouille Victor.

La question est suivie par un long silence auquel mon copain met fin en saisissant la boite et en la secouant.

– Alors, tu réponds, oui, espèce de… ?

– Du calme ! je souffle. Tu vas l'effrayer !

– M'effrayer ? grogne la boite. M'effrayer ? Vous me prenez pour une mauviette ?

– Qui êtes-vous ? je répète. Il faut nous le dire, nous avons le droit de savoir la vérité !

– On a risqué notre peau pour te sauver ! précise Victor – qui a, décidément, du mal à vouvoyer une boite de conserve.

– Je ne parlerai qu'en présence de mon supérieur hiérarchique ! rétorque celle-ci.

– Qui c'est, ton supérieur hiérarchique ?

Pas de réponse. La boite a décidé de se taire et ni supplications ni menaces ne viennent à bout de son entêtement.

Minuit sonne. Au même moment, un nuage passe devant la lune, et le square se trouve plongé dans la pénombre.

C'est alors qu'un cri, comme une plainte, monte dans le silence…

Qui gémit dans la nuit ?

Pour le découvrir, fais cet exercice.

Comme le temps passe vite, il est déjà minuit trente !

Entoure le réveil qui indique cette heure.

a. **b.** **c.**

Si tu as entouré a. → Lis le n° 3.

Si tu as entouré b. → Lis le n° 6.

Si tu as entouré c. → Lis le n° 5.

mémo 13

10

Non, le pluriel est la marque d'un nombre supérieur à un.

→ Recommence l'exercice du n° 5.

11

Félicitations ! Pour découvrir la suite de l'histoire,

→ rends-toi vite au chapitre 6.

6

La clé de l'énigme

1

De la chambre de mes parents, une voix s'élève :

– À tes souhaits, chérie !

Et le ronflement reprend de plus belle. Sauvé ! Dans son sommeil, papa a cru que c'était maman qui éternuait.

Je ne fais qu'un bond jusqu'à ma chambre où Youki, couché au pied du lit, m'accueille avec un soupir de soulagement.

– Ah, enfin, te voilà ! Je me faisais un de ces soucis…

Une exclamation étouffée, venant de la boite, l'interrompt :

– Chef ?

La tête de Youki !

– F... Flapaga ? bégaie-t-il. C'est toi, Flapaga ?

– Oui, chef ! Oh, que je suis content de vous avoir retrouvé !

– Et moi donc !

J'interromps leurs effusions pour demander :

– Vous pourriez peut-être m'expliquer ce qui se passe ?

– C'est Flapaga ! dit Youki.

– J'avais compris, figure-toi. Mais QUI est Flapaga ?

– Mon second.

La fatigue aidant, je sens que je commence à m'énerver. Saisissant mon chien par le collier, j'articule, mon nez collé contre sa truffe :

– Écoute-moi bien, pépère : si dans trente secondes, tu ne m'as pas mis au courant de toute l'histoire, je fais un malheur !

– D'accord... mais lâche-moi, s'il te plait, tu m'étrangles !

Antoine va-t-il perdre son sang-froid ?

Pour le savoir, réponds déjà à la question suivante : qui est Flapaga ? Entoure la bonne réponse.

a. Le chef de Youki
b. Le frère de Youki
c. L'assistant de Youki

Si tu as entouré a. → Lis le n° 7.
Si tu as entouré b. → Lis le n° 3.
Si tu as entouré c. → Lis le n° 5.

2

Tu t'es trompé(e). Il s'agit d'une phrase négative. Regarde bien, elle est construite avec la négation « n' ... pas ».

→ Maintenant, lis le n° 4.

3

Non. Il ne s'agit ni de son frère, ni de sa sœur.

→ Relis attentivement le texte et refais l'exercice du n° 1.

4

La déclaration de Youki-Bloug me fait l'effet d'une décharge électrique.

– En… envahir notre planète ?

– Oui, mais… – mon chien penche la tête de côté, c'est le champion toutes catégories des mimiques attendrissantes – nous avons encore une autre caractéristique, nous, les habitants d'Oria : nous sommes très influençables. Nous prenons le tempérament de nos « enveloppes »… Antoine, sais-tu quel est mon plus grand rêve à présent ?

– Euh… De retourner sur ta planète ?

– Non : de devenir ton meilleur ami…

Je me gratte le crâne avec embarras.

– Moi, je veux bien, mais tout de même : tu es un envahisseur, un guerrier de l'espace !

– J'*étais* un guerrier de l'espace ! Plus maintenant ! Maintenant, je suis un gentil toutou. Et les conquêtes intergalactiques, je n'en ai plus rien à cirer !

– Mais tu disais que…

Youki-Bloug pousse un soupir agacé.

– Vous, les Terriens, vous n'êtes pas très futés ! C'était mon enveloppe précédente qui était violente et agressive ! Celle que j'ai maintenant est douce et affectueuse… Je t'aime, Antoine ! Et je veux rester avec toi pour toujours…

Malgré l'heure tardive, mon cerveau marche à cent à l'heure.

– Qu'est-ce que tu essaies de me dire exactement, Youki ? Que si ton équipage est mangé par des animaux pacifiques, vous ne chercherez plus à nous nuire ? C'est ça ?

– Oui.

– Et si ce sont des êtres malfaisants qui vous absorbent ?

– Alors là… la race humaine court de grands, de très grands dangers !

Que risque-t-il d'arriver ?

Pour le découvrir, fais cet exercice.
Écris vrai (V) ou faux (F) pour chaque phrase.

Bloug était un guerrier de l'espace. ....
Antoine réfléchit lentement. ....
Les conquêtes intergalactiques n'intéressent plus Bloug. ....

Si tu as écrit V, F, V → Lis le n° 11.
Si tu as écrit V, V, F → Lis le n° 10.
Si tu as écrit F, V, F → Lis le n° 8.

5

Félicitations ! Flapaga est bel et bien l'assistant – ou le second – de Youki. → Pour connaitre la suite, lis vite le n° 6.

6

J'obtempère. Youki commence par s'ébrouer puis, après un « hum ! hum ! » de conférencier, déclare :

–Je dois tout d'abord te préciser une chose, Antoine : la mémoire vient de me revenir à la seconde, en entendant la voix de Flapaga…

– Ah bon ?

– Oui, avant ça, tout était flou, pour la bonne

raison que deux esprits cohabitent en moi : l'esprit ancien du sympathique cocker que tu connais, et le nouveau…

– Quel nouveau ?

– Celui de Bloug.

– C'est qui ça, Bloug ?

– Mon chef bienaimé ! glousse la boite.

– Colonel de l'armée de l'air d'Oria, une planète située à des milliers d'années-lumière de la Terre, précise Youki.

Là, franchement, je reste bouche bée. On dirait le scénario d'un film de science-fiction !

– Tu dois te demander comment nous avons atterri, l'un dans ton chien et l'autre dans une boite de conserve, reprend doctement Youki (enfin, Bloug). Eh bien, c'est très simple : suite à une fausse manœuvre de ce CRÉTIN (il foudroie Flapaga des yeux)… notre vaisseau spatial s'est écrasé dans l'une des cuves de déchets de viande de l'usine Bôtoutou. Mon équipage et moi-même, ainsi que tout notre équipement, avons été entrainés dans les broyeurs, mélangés à la pâtée et…

Je pousse un cri d'horreur.

– Mais… c'est ÉPOUVANTABLE !

Que viennent faire les habitants d'Oria sur Terre ?

Tu le sauras en répondant à cette question : quels personnages cohabitent en Youki ?

- Antoine et Flapaga
- Un cocker et Bloug
- Victor et Bloug

Écris ta réponse :

C'est ton SIXIÈME INDICE. N'oublie pas de le noter sur ta page-indices, p. 93.

Maintenant → Lis le n° 9.

7

Faux ! Relis bien le texte et tu t'apercevras que Flapaga n'est pas le supérieur hiérarchique de Youki.

→ Refais vite l'exercice du n° 1.

8

Tu t'es trompé(e) ! Il vaut mieux que tu relises plusieurs fois cette partie du texte en cherchant une réponse pour chaque phrase. → Recommence l'exercice du n° 4.

9

– N'exagérons rien ! dit Youki. Tout juste un peu… déplaisant !

– Et vous n'êtes pas morts ?

– Chez nous, le mot « mort » ne signifie rien, car nos esprits ont la faculté de voyager de corps en corps. Lorsque notre « enveloppe » est usée, nous nous en procurons une nouvelle, tout simplement. En revanche, c'est la première fois que j'habite à l'intérieur d'un animal… Ce n'est pas désagréable !

– Je n'en dirais pas autant de cette boite ! intervient Flapaga. On y est tellement à l'étroit… Vous n'auriez pas un copain chien qui puisse me manger, chef ? Ça m'arrangerait !

Nom de nom, je comprends tout !

– Bébert est l'un de vos « hommes », alors ? Et Pomponnette aussi ?

– Oui : le lieutenant Mopmop et le sergent Ziknut.

– Combien êtes-vous en tout ?

– Dix-huit... Et il faut que je t'avoue quelque chose, Antoine.

– Quoi ?

– Nous sommes venus dans l'intention d'envahir votre planète...

La planète est-elle en danger ?

Avant de le découvrir, observe bien la phrase ci-dessous et trouve la bonne réponse :

« Ce n'est pas désagréable. »

Est-ce :

a. une phrase affirmative ? **b.** une phrase négative ?

Si tu as choisi a. → Lis le n° 2.

Si tu as choisi b. → Lis le n° 4.

mémo 4

10 

Faux. Relis attentivement le texte. Il y a un passage que tu n'as pas compris. → Refais l'exercice du n° 4.

11 

Bravo ! → Pour savoir comment se termine cette histoire, cours lire le dernier chapitre !

7

Mission accomplie !

Le lendemain matin, en allant à l'école :

– C'est affreux ! s'écrie Victor quand je lui répète les aveux de Youki-Bloug. J'ai lu dans un magazine qu'on mélangeait de la pâtée pour chiens aux aliments des tigres et des lions, dans les zoos. Tu imagines un peu le carnage ?

J'avale ma salive de travers.

– Ce… ce sont des racontars !

– Peut-être… mais si c'était vrai ?

J'en ai des sueurs froides. Dire que nous ne pouvons rien faire… sauf espérer que les boites contenant les quatorze extraterrestres restants ne seront pas utilisées à cet usage !

– À propos, qu'as-tu fait de Flapaga ? s'informe Victor, méfiant.

Je tapote mon cartable.

– De ce côté-là, rien à craindre : je ne le filerai qu'à un chien sympa !

– Oui, mais vite ! supplie une voix, venant d'entre mes cahiers. Je suis tout ankylosé, moi !

Tout en discutant, nous passons devant le kiosque à journaux, lorsque…

– Oh, regarde !

Que voient-ils soudain ?

Pour le savoir, indique quel est le temps du verbe qui est en bleu dans le texte.

a. ☐ le présent

b. ☐ le futur

Si tu as coché a. → Lis le n° 10.

Si tu as coché b. → Lis le n° 5.

mémo 5

2

Non, tu t'es trompé(e) ! Aide-toi du mémo.

→ Retourne faire l'exercice du n° 4.

3

Tu t'es trompé(e). La soustraction permet de calculer la différence entre deux nombres. Ici, il faut calculer la somme. → Retourne à l'exercice du n° 9.

4

Cette « colline » est en fait une montagne de déchets en provenance des usines voisines. Elle doit son nom aux nombreux chiens errants qui y rôdent, à la recherche de nourriture. Dix minutes plus tard, nous y parvenons, hors d'haleine. Au sommet du tas d'ordures, une grue est en train de manœuvrer. L'élévateur de l'usine Bôtoutou !

Cachés derrière la palissade, nous attendons

que l'engin disparaisse à l'horizon, avant d'escalader à notre tour la « colline ». C'est vrai qu'elles sont dans un sale état, ces malheureuses boites ! Cabossées, tordues, fissurées même, et laissant échapper leur contenu par les fentes. L'ennui, c'est qu'il y en a au moins cinquante. Comment reconnaitre les bonnes ? À tout hasard, je crie : « Hou, hou ! les extraterrestres ! Vous m'entendez ? » Pas de réponse. Ou ils sont assommés, ou ils sont enfouis trop profondément. Ou encore, ils se méfient. Après tout, ils ne nous connaissent pas, ils n'ont aucune raison de nous faire confiance… En revanche, ils connaissent Flapaga ! Je m'empresse de l'extirper de mon cartable.

– À toi de jouer ! Si tu veux sauver tes camarades, c'est le moment de donner de la voix !

Ça, pour donner de la voix, il donne de la voix ! Il émet même des stridulations qu'aucun gosier humain ne serait capable de produire. Le résultat ne se fait pas attendre : de la montagne de boites montent des cris semblables aux siens. Il ne nous reste plus qu'à relever nos manches, et à creuser…

Nos deux héros vont-ils réussir leur mission ?

Tu le sauras si tu découvres combien Victor et Antoine ont ouvert de boites en 5 minutes.

Pour connaitre ce nombre, pose et fais la multiplication suivante :

23 x 3

Si tu as trouvé 69 → Lis le n° 9.
Si tu as trouvé 699 → Lis le n° 6.
Si tu as trouvé 233 → Lis le n° 2.

mémo 11

5

Félicitations ! Le verbe « filer » est conjugué au futur.

→ Maintenant, va vite lire la suite au n° 7.

6

Tu t'es trompé(e) ! Tu peux décomposer la multiplication : (20 x 3) + (3 x 3). → Refais l'exercice du n° 4.

7

Le titre d'un journal vient d'attirer mon attention :

ACTES DE VANDALISME
DANS L'USINE BÔTOUTOU

Des malfaiteurs ont pénétré la nuit dernière dans la célèbre usine d'aliments pour chiens, y malmenant tout un stock de boites. Celles-ci, trop abimées pour pouvoir être vendues dans le commerce, seront jetées à la décharge…

– Crotte de bique ! siffle Victor.

Je suis absolument de son avis.

– Tu sais où elle se trouve, toi, cette décharge ?

– Ben… il y a un terrain vague, dans la zone industrielle. La colline Wou-Wou, on l'appelle. C'est peut-être là ?

Il n'y a pas une minute à perdre ! Nous nous regardons, nous nous comprenons… et sans avoir besoin d'échanger un seul mot, nous tournons le dos à l'école, pour filer ventre à terre vers la colline Wou-Wou.

Antoine et Victor arriveront-ils à temps ?

Pour le savoir, trouve la bonne réponse à cette question : qui sont ces malfaiteurs dont parle le journal ?

- Des extraterrestres
- Des voleurs
- Antoine et Victor

Recopie ta réponse :

C'est ton SEPTIÈME et DERNIER INDICE.
N'oublie pas de le noter sur ta page-indices, p. 93.

Maintenant → Lis le n° 4.

8

Tu t'es trompé(e) ! La multiplication permet de calculer le produit de deux nombres. Ici, il faut calculer la somme. → Relis bien l'énoncé du problème et refais l'exercice du n° 9.

9

– Treize… quatorze… Le compte y est !

J'essuie mon front en sueur.

– Ouf ! J'ai bien cru qu'on n'y arriverait jamais !

Victor examine nos trouvailles d'un air perplexe.

– Qu'est-ce qu'on en fait, maintenant ?

– On donne les boites de Bôtoutou contenant des extraterrestres aux chiens inoffensifs, et celles sans extraterrestres aux autres !

Grimpant au sommet de la colline, je crie à pleins poumons :

– À table, les clébards !

Quelques secondes passent avant qu'un bâtard maigre, affamé, ne montre craintivement le bout de sa truffe. Puis un deuxième. Puis un troisième…

– Venez, n'ayez pas peur !

Pour bien les convaincre, je tire la languette d'une boite à moitié cassée, et je la brandis.

– Il y a du bon miam-miam pour vous !

Le plus audacieux s'avance, le museau frémissant.

– Toi, tu es un gentil : je le lis dans tes yeux !

Je pose la boite ouverte devant lui et je recule de quelques pas. Il flaire la pâtée avec méfiance et l'engloutit en trois coups de langue.

– Mmmm ! Délicieux ! s'écrie-t-il, en se pourléchant les babines.

C'est le signal de la ruée. Durant une vingtaine de minutes, Victor et moi ouvrons des boites à un rythme effréné. Toute la cargaison – avec ou sans extraterrestres – est liquidée en moins de deux.

Il ne me reste plus qu'une boite, celle qui contient Flapaga, lorsque soudain :

– Attention ! s'étrangle Victor.

Trop tard : une masse noire aux babines écumantes bondit sur moi et me renverse.

– Brutus !

Avant que je réagisse, le molosse m'arrache la boite et s'enfuit en courant.

– Antoine, tu es blessé ? crie Victor.

– Non, mais c'est bien pire ! Nous sommes perdus : Brutus a emporté Flapaga…

Brutus va-t-il dévorer la boite ?

Pour le savoir, résous cet exercice.
Victor a ouvert 456 boites de Bôtoutou et Antoine 684.
Entoure l'opération qui permet de savoir combien les deux garçons ont ouvert de boites au total.

456	456	684
x 684	+ 684	– 456

Si tu as entouré la 1re opération → Lis le n° 8.
Si tu as entouré la 2e opération → Lis le n° 11.
Si tu as entouré la 3e opération → Lis le n° 3.

mémo 11

10 

Tu t'es trompé(e) ! Quand on parle d'une action qui va se passer plus tard, on utilise le futur. → Rends-toi au n° 7.

11

Au même instant, une seconde masse se jette sur Brutus et le met en fuite après une lutte féroce. Flapaga est ainsi lappé par… une grande femelle labrador aux mamelles pendantes, qu'escorte une demi-douzaine de chiots turbulents.

– Merci, mes amis, nous dit Flapaga, une fois absorbé par la robuste chienne. Je rêvais justement d'une famille nombreuse… Allez, en avant, la marmaille, la tétée vous attend !

– Mission accomplie ! me chuchote Victor, en la suivant des yeux tandis qu'elle s'éloigne avec le reste de sa « tribu ».

Et solennellement, j'ajoute :

– Grâce à nous, la Terre est sauvée !

Ça valait bien une matinée d'école buissonnière et quelques mensonges… non ?

FIN

Bravo ! Puisque tu es allé(e) jusqu'au bout de cette histoire et de ses exercices, nous te proposons de nous envoyer, sur le site www.lenigme.com, la liste des indices que tu as écrits page 93 et tu pourras télécharger des surprises !

À bientôt pour une nouvelle aventure !

Mémo

Pour t'aider à faire tes exercices

Français

Maths

Questionner le monde

Enseignement moral et civique

Grammaire

1 Les classes de mots

Chaque mot de notre langue appartient à une classe différente.
Il y a :
- des noms communs : *mère, chien, boite, ...*
- des noms propres : *Antoine, Victor, ...*
- des adjectifs : *bleu, mauvais, surpris, ...*
- des déterminants : *un, une, le, la, des, ...*
- des verbes : *demander, pousser, traverser, ...*

2 Le genre et le nombre des noms

• Devant certains noms, on utilise des déterminants comme *un, le, mon...* ce sont des noms du **genre masculin**.
un chien

• Devant certains noms, on utilise des déterminants comme *une, la, ma...* ce sont des noms du **genre féminin**.
une boite

• Quand un nom ne désigne qu'une seule personne, qu'un seul animal ou qu'une seule chose, il est au **singulier**.
un gardien

• Quand un nom désigne plusieurs personnes, plusieurs animaux ou plusieurs choses, il est au **pluriel**.
les extraterrestres

3 La ponctuation

Dans un texte, on peut rencontrer différents signes de ponctuation.

• **Le point** [.] indique la fin de la phrase.
Je m'appelle Antoine.

- **Le point d'interrogation** [?] sert à poser une question.
  Où est Youki ?

- **Le point d'exclamation** [!] indique une émotion, un sentiment.
  Au secours !

- **La virgule** [,] permet de séparer des mots dans une liste et de marquer une pause.
  un caniche, un teckel, un pitbull

4 Les formes de phrases

- Une phrase peut être affirmative :
  Victor se gratte la tête avec perplexité.

- Une phrase peut être négative :
  Il n'écoute pas ses protestations.

Conjugaison

5 Le temps des verbes

Un verbe se conjugue. Ses terminaisons sont différentes selon son sujet et selon le temps.

- Un verbe au **présent** indique ce qui est en train de se passer.

SUJET	PRÉSENT
1re personne du singulier	je parl**e**
2e personne du singulier	tu parl**es**
3e personne du singulier	il, elle parl**e**
1re personne du pluriel	nous parl**ons**
2e personne du pluriel	vous parl**ez**
3e personne du pluriel	ils, elles parl**ent**

- Un verbe au **passé composé** indique ce qui s'est déjà passé.

SUJET	PASSÉ
1re personne du singulier	j'**ai** parl**é**
2e personne du singulier	tu **as** parl**é**
3e personne du singulier	il, elle **a** parl**é**
1re personne du pluriel	nous **avons** parl**é**
2e personne du pluriel	vous **avez** parl**é**
3e personne du pluriel	ils, elles **ont** parl**é**

- Un verbe au **futur** indique ce qui se passera plus tard.

SUJET	FUTUR
1re personne du singulier	je parler**ai**
2e personne du singulier	tu parler**as**
3e personne du singulier	il, elle parler**a**
1re personne du pluriel	nous parler**ons**
2e personne du pluriel	vous parler**ez**
3e personne du pluriel	ils, elles parler**ont**

Vocabulaire

6 Langue courante et langue familière

Selon la personne à qui l'on s'adresse, selon le moment et le lieu, il existe différentes façons de parler.

- On peut s'exprimer dans une **langue familière** entre amis, dans la cour de récréation, quand on joue, etc.

  les clébards

- En classe ou avec un adulte, on emploie des mots précis du **langage courant**.

  les chiens

7 Le dictionnaire

Pour trouver le sens d'un mot, on peut chercher dans le dictionnaire. Les mots y sont rangés par ordre alphabétique.

8 Sens propre et sens figuré

En français, on utilise parfois des expressions imagées. Pour les comprendre, on peut imaginer ce qu'elles disent réellement.

Prendre ses jambes à son cou.

Nombres

9 Lire et écrire des nombres

Les nombres sont composés de chiffres. Le premier chiffre à droite représente les unités, le deuxième les dizaines et le troisième les centaines.

436 se lit *quatre-cent-trente-six.*

centaines	dizaines	unités
4	3	6

10 Ranger et comparer des nombres

- **Ranger des nombres dans l'ordre croissant**, c'est les ranger du plus petit au plus grand.
On commence toujours par le chiffre le plus à gauche :
452 < 811
Si ces chiffres sont identiques, on prend le chiffre d'à côté :
439 < 452
- **Ranger les nombres dans l'ordre décroissant**, c'est les ranger du plus grand au plus petit.
547 > 467 > 241
- Pour ranger un nombre entre deux nombres, on peut aussi utiliser **une droite numérique.**

Calculs

11 Addition, soustraction, multiplication

- L'**addition** est une opération qui permet de calculer la somme de plusieurs nombres.
Pour poser une addition, il faut bien placer les chiffres : les unités sous les unités, les dizaines sous les dizaines et les centaines sous les centaines.

$$\begin{array}{rrr} & & 1 & \\ & & 5 & 3 \\ + & & 7 & 8 \\ \hline & & & 1 \end{array} \qquad \begin{array}{rrrr} & 1 & 1 & \\ & & 5 & 3 \\ + & & 7 & 8 \\ \hline & & 3 & 1 \end{array} \qquad \begin{array}{rrrr} & 1 & 1 & \\ & & 5 & 3 \\ + & & 7 & 8 \\ \hline & 1 & 3 & 1 \end{array}$$

3 + 8 = 11
je pose 1 et je retiens 1

5 + 7 = 12 + 1 = 13
je pose 3 et je retiens 1

J'additionne
les centaines

- **La soustraction** est une opération qui permet de calculer la différence entre deux nombres ou de chercher un reste ou un manque. Pour poser une soustraction, il faut bien placer les chiffres : les unités sous les unités, les dizaines sous les dizaines et les centaines sous les centaines.

$$\begin{array}{r} 45 \\ -\ 31 \\ \hline 4 \end{array} \qquad \begin{array}{r} 45 \\ -\ 31 \\ \hline 14 \end{array}$$

1 retiré de 5, il reste 4 — 3 retirés de 4, il reste 1

- **La multiplication** permet de calculer le produit de deux nombres.

$$\begin{array}{r} 43 \\ \times\ 2 \\ \hline 6 \end{array} \qquad \begin{array}{r} 43 \\ \times\ 2 \\ \hline 86 \end{array}$$

2 x 3 = 6
je pose 6 — 2 x 4 = 8

Grandeurs et mesures

12 Longueurs et masses

- **Les longueurs**

Pour mesurer de grandes longueurs, on emploie le **mètre** (m).
Pour mesurer de petites longueurs, on emploie le **centimètre** (cm).
1 m = 100 cm

- **Les masses**

Pour peser une personne ou un objet lourd (une masse), on emploie le **kilogramme** (kg).
Pour peser un objet léger, on emploie le **gramme** (g).
1 kg = 1 000 g

13 Lire l'heure

09 : 30

12 : 00

12 : 30

09 : 45

La petite aiguille indique les heures et la grande aiguille indique les minutes.

Nous sommes le matin :

03 : 20

Nous sommes l'après-midi :

15 : 20

Espace et géométrie

14 Les figures géométriques

- Le **rectangle** a 4 sommets, 2 grands côtés égaux, 2 petits côtés égaux et 4 angles droits.

- Le **carré** a 4 sommets, 4 côtés égaux et 4 angles droits.

- Le **triangle rectangle** a 3 côtés, 3 sommets et un angle droit.

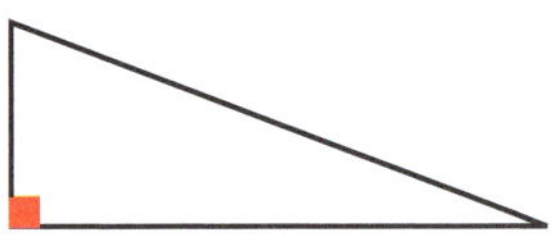

Le vivant

15 L'alimentation des animaux

Les animaux ne mangent pas tous la même chose.
Quelques exemples de **régimes alimentaires** :

granivore → qui se nourrit de graines
les oiseaux
herbivore → qui se nourrit d'herbes
les vaches, les biches
carnivore → qui se nourrit de chair, de viande
les chiens, les fauves
omnivore → qui se nourrit de tout
le cochon... et l'être humain !

16 Modifications de la dentition

On distingue les dents de lait et les dents définitives.

Les dents de lait apparaissent entre six et trente mois. À 3 ans, l'enfant a 20 dents. Vers six-sept ans, il commence à perdre ses dents de lait qui sont remplacées par des dents définitives plus solides. Un adulte a 32 dents.

Il existe différentes sortes de dents : les incisives qui coupent les aliments, les canines qui les déchirent et les molaires qui les broient.

17 Les symboles de la république

Le drapeau français est un **drapeau tricolore** : **bleu, blanc, rouge**.

Le bleu et le rouge sont les couleurs de Paris (capitale de la France), le blanc est la couleur de la famille royale.

Avant d'être une république, la France était une monarchie (dirigée par un roi).

La France est maintenant une république et la République française a une devise : *Liberté, Égalité, Fraternité*.

Cette devise est écrite sur la façade des mairies.

Page-indices

La peur au bout de la laisse

du CE1 au CE2

Note ci-dessous les indices que tu as trouvés au cours de ta lecture.

Va vite te connecter sur le site

www.lenigme.com

pour nous envoyer tes indices, et tu pourras télécharger plein de cadeaux !

INDICE 1 ....

INDICE 2 ....

INDICE 3 ....

INDICE 4 ....

INDICE 5 ....

INDICE 6 ....

INDICE 7 ....

Bravo ! Tu as trouvé tous les indices !

Table des matières

IMPRIM'VERT
Votre imprimeur agit pour l'environnement

N° d'éditeur : 10219860 – IRILYS – Mars 2017
Imprimé en Italie par BONA

L'ÉNIGME DES VACANCES

Choisis ton univers !

Historique · FANTASTIQUE · Policier · Aventure · FRISSON · Princesse

du CP au CE1

- Le voleur invisible
- Sophia, princesse de la mer
- Le mystère de la source
- Disparition au pays des poneys

du CE1 au CE2

- La peur au bout de la laisse
- Mystère au cirque Alzared
- Attention ! Dauphins en danger
- Pas si désert que ça !
- Menace sur Madagascar
- Pirates en péril !
- L'attaque des monstres animaux (SCOOBY-DOO!)

du CE2 au CM1

- Le labyrinthe des dragons
- Les fantômes de Glamorgan
- La plage du Prince Blanc
- Le phare de la peur
- Montagne explosive !
- Menaces sur la finale de foot
- Planète dinosaures
- La menace des fantômes (SCOOBY-DOO!)

du CM1 au CM2

- Le voleur de papyrus
- Le secret de la jungle
- Le sortilège des loups-garous
- Parfum de vacances
- La carrière interdite
- Mystère dans le bush australien
- Musiques diaboliques (SCOOBY-DOO!)
- Drôles d'époques ! (7 HISTOIRES)

du CM2 à la 6e

- Le trésor des Templiers
- Panique à la Pop Academy
- La forêt de l'épouvante
- À la recherche de la cité perdue
- Eaux troubles à Venise
- Drôles de familles ! (7 HISTOIRES)

de la 6e à la 5e

- Le secret du Titanic
- Drôle de trafic
- Complot chez les cordons-bleus
- The Refuge in Danger (en anglais)

de la 5e à la 4e

- Operation Blue Lagoon (en anglais)
- Chute mortelle au Mont-Saint-Michel
- The Captain is Missing! (en anglais)
- Le souffle de l'ange

de la 4e à la 3e

- Murder in West Park (en anglais)
- The Mark of the Vampire (en anglais)

Histoire à podcaster sur le site www.lenigme.com

Retrouve-nous sur le site : www.lenigme.com